# 布衣天子——刘邦

◎ 主编 金开诚

◎ 编著 张 皓

吉林出版集团有限责任公司

吉林文史出版社

**图书在版编目（CIP）数据**

布衣天子——刘邦 / 张皓编著. —长春 ：
吉林出版集团有限责任公司 ：吉林文史出版社，2010.11 (2023.4重印)
ISBN 978—7—5463—4128—6

Ⅰ. ①布… Ⅱ. ①张… Ⅲ. ①汉高祖（前256～前
195）—传记 Ⅳ. ①K827＝341

中国版本图书馆CIP数据核字(2010)第222287号

# 布衣天子——刘邦

BUYI TIANZI LIUBANG

主编/ 金开诚 编著/张 皓

项目负责/崔博华 责任编辑/崔博华 邱 荷

责任校对/邱 荷 装帧设计/李岩冰 于 嵩

出版发行/吉林出版集团有限责任公司 吉林文史出版社

地址/长春市福祉大路5788号 邮编/130000

印刷/天津市天玺印务有限公司

版次/2010年11月第1版 印次/2023年4月第6次印刷

开本/660mm×915mm 1/16

印张/9 字数/30千

书号/ISBN 978-7-5463-4128-6

定价/34.80元

# 前 言

　　文化是一种社会现象，是人类物质文明和精神文明有机融合的产物；同时又是一种历史现象，是社会的历史沉积。当今世界，随着经济全球化进程的加快，人们也越来越重视本民族的文化。我们只有加强对本民族文化的继承和创新，才能更好地弘扬民族精神，增强民族凝聚力。历史经验告诉我们，任何一个民族要想屹立于世界民族之林，必须具有自尊、自信、自强的民族意识。文化是维系一个民族生存和发展的强大动力。一个民族的存在依赖文化，文化的解体就是一个民族的消亡。

　　随着我国综合国力的日益强大，广大民众对重塑民族自尊心和自豪感的愿望日益迫切。作为民族大家庭中的一员，将源远流长、博大精深的中国文化继承并传播给广大群众，特别是青年一代，是我们出版人义不容辞的责任。

　　本套丛书是由吉林文史出版社和吉林出版集团有限责任公司组织国内知名专家学者编写的一套旨在传播中华五千年优秀传统文化，提高全民文化修养的大型知识读本。该书在深入挖掘和整理中华优秀传统文化成果的同时，结合社会发展，注入了时代精神。书中优美生动的文字、简明通俗的语言、图文并茂的形式，把中国文化中的物态文化、制度文化、行为文化、精神文化等知识要点全面展示给读者。点点滴滴的文化知识仿佛颗颗繁星，组成了灿烂辉煌的中国文化的天穹。

　　希望本书能为弘扬中华五千年优秀传统文化、增强各民族团结、构建社会主义和谐社会尽一份绵薄之力，也坚信我们的中华民族一定能够早日实现伟大复兴！

# 目录

一、早年经历

　　汉高祖刘邦（公元前256—公元前195），沛县（今江苏沛县西）丰邑（今江苏丰县）人。在秦末农民战争起义中，他登高一呼，天下英雄云集于麾下，称其为"沛公"。公元前206年，刘邦所率义军率先攻入秦都咸阳，被义军盟主项羽封为汉王，封地为汉中、巴蜀（因此在战胜项羽后建国时，国号定为"汉"）。公元前202年刘邦称帝，定都洛阳，后迁都长安。

登基后，刘邦采取休养生息的宽松政策，不仅安抚了人民、凝聚了中华，也奠定了汉代雍容大度的文化基础。可以说刘邦使四分五裂的中国真正地统一起来，而且还逐渐把分崩离析的民心凝聚起来。他对汉民族的形成、中国的统一强大、汉文化的保护发扬有决定性的贡献。汉高祖刘邦于公元前202年—公元前195年

在位，共八年。汉高祖既非刘邦的庙号，
也非谥号。作为汉朝开国皇帝，刘邦的庙
号为"太祖"，谥号为"高皇帝"。但自汉
武帝时代的史学家司马迁开始，称刘邦为
"高祖"，后世多沿用之，因此史称"太
祖高皇帝""汉高帝"或"汉高祖"。

## （一）不爱读书也不爱劳动

刘邦从小性格豪爽，不太喜欢读书，但对人很宽容。他也不喜欢下地劳动，所以常被父亲训斥为"无赖"，说他不如自己的哥哥会经营，但刘邦依然我行我素。刘邦长大后做了泗水的亭长(管十里以内的小官)，时间长了，和县里的官吏们混得很熟，在当地也小有名气。刘邦的心胸很宽广，在一次送服役的人去咸阳的路上，碰到秦始皇大队人马出巡。远远看去，秦始皇坐在装饰精美华丽的车上威风八面，羡慕得他脱口而出："大丈夫就应该像这样啊！"

## （二）娶吕雉为妻

汉高祖刘邦小时候家里有一些地，但不富裕。儿时他不爱参加劳动，但愿意广交朋友。30岁的时候做了沛县的泗水亭长，是秦朝最基层的乡村小吏，他在此时与沛县的主吏萧何和狱掾曹参等人相识，结为好友。

单父（今山东单县）人吕公是沛县令的好朋友，他为了躲避仇人，全家搬到了沛县。沛县里与县令有关系的人，听到县令的朋友来了，都去向县令祝贺。那时候要送礼钱，由萧何主持其事。

萧何向送礼的人宣布："贺礼不满一千的，请坐在堂下。"刘邦虽然只是一个亭长，但他与县里那些官吏都比较熟悉，他没有送一个贺钱，却说大话："我送一万钱。"直接进去拜会吕公。吕公听到有人说送一万贺钱，很吃惊，赶忙起来，到门口迎接刘邦。他见刘邦高鼻龙额，气势不凡，即请他入座。

萧何对刘邦的样子看不惯，就揭他的老底说："刘邦一向好说大话，不办实事。"

刘邦对此话不以为然，他仍然毫不自愧地坐了上席。吕公很赏识刘邦，他示意刘邦在酒后留下，对刘邦说："我看你以后有出息，我有一个女儿，愿意嫁给你为妻。"刘邦听了很高兴，他巴不得成这门亲事，征得父母同意之后，刘邦便和吕氏结了婚，这就是以后历史上有名的吕后。汉惠帝刘盈就是她和刘邦的儿子。

二、起兵反秦

## （一）斩白蛇

汉高祖刘邦在做沛县泗水亭亭长的时候，为县里押送一批农民去骊山为秦始皇修陵墓。很多人不愿意去送死，途中大部分人都逃走了。刘邦看到拦也拦不住，即使到了骊山，夫役也跑得差不多了，按照秦朝的法律他也会被杀。于是走到丰邑西时，刘邦让大家停下来休息，他饮酒大醉，到了夜里干脆把剩下的所有农民都放了。并且对他们说："你们赶快逃跑吧，我也要从这里逃跑了。"

这些农民中有十多位身强力壮的夫役愿意跟随刘邦。刘邦带醉行走在丰邑西边的大泽中，让一个农民在前面探路。这个人回来说："前面有一条大蛇挡路，我们还是回去吧。"刘邦趁着酒劲说："大丈夫独步天下有什么害怕的！"于是走到前面拔剑将蛇斩断。蛇从正中间被分为两段。

走了几里地，刘邦醉得倒下睡着了。刘邦队伍中走在后面的人来到斩蛇的地方，看见一个老太太在路边连夜放声啼哭。问她为什么这样伤心，

她说："我儿子被人杀了，所以痛哭。"问她儿子为什么被杀，她说："我儿子是白帝子，变成蛇横在路上，现在被赤帝子杀了，所以我很伤心。"人们以为她胡说八道、散布谣言，想把她抓起来，但是这个老太太突然不见了。后面的人赶到前面，刘邦才醒过来，人们向他报告了这件事。刘邦心里觉得很高兴，心生自豪感，跟随他的人也越来越敬畏他。

　　秦始皇曾经说："东南方向有天子

气。"于是亲自东游来验证，刘邦怀疑秦始皇说的是自己，就躲了起来，藏到荒凉的芒砀山的深山老林中。这里离刘邦的家乡不远，吕后和其他人一起寻找他，每次都能在人迹罕至之处找到他。刘邦觉得奇怪，就问是怎么回事。吕雉说："你所在的地方头上总有云气凝结，所以我们根据这一现象总能找到你。"刘邦听了

很高兴，沛县的人知道后，许多人都来归

附刘邦，参加他们的队伍。这时刘邦已经

开始积极进行反秦斗争的准备工作了。

## (二) 沛公起兵

秦二世元年 (公元前209年) 七月，秦

末农民起义爆发，陈胜、吴广率领九百名

戍卒在大泽乡 (今安徽宿县西南) 举起了

反秦的义旗，各地受秦暴政压迫的群众，纷纷响应。

陈胜、吴广的起义军攻占了陈（现在河南淮阳）以后，陈胜建立了"张楚"政权，和秦朝公开对立。这时，反秦起义的浪潮很快就波及了沛县。沛县的县令害怕群众起来响应陈胜的反秦起义，受到群众的打击，就想变被动为主动，自己起来组织起义军达到投机革命、保全自己的目的。他把萧何和曹参找来商量。萧何和曹参当时都是县令手下的主要官吏，他们早就对沛县县令的所作所为不满，就对县令说："你是秦朝的县令，现在恐怕沛县的群众不会信任你。"他们劝县令将本县流亡在外的人召集回来，一来可以增加力量，二来也可以杜绝后患。县令觉得有

重建樊侯碑樓記

樊噲，江蘇沛人，從高祖入關定三秦，為將軍擊項籍從破燕執韓信，因功封舞陽侯，壽終葬此。樊噲墓原塚封土有瓠園存樊侯銘碑及碑樓后裔河南獲被毀石碑撲地幸有樊氏後裔縣且上十四代孫樊恒發尋宗至此見石碑倒地碑樓無存心甚不忍遂共解秘戰資伍仟餘圓然仍不敷用促成此事縣博物館入籌資兩村委籌資三行在村書記郭桂芝博物館長于恒召主持下知功工程始於二零零六年六十日黑於同八二十五日。

理，便同意了他们的意见，决定派人去找刘邦。派谁去呢？卖狗肉的樊哙和在外逃亡的刘邦暗中有联系，于是沛县令便让樊哙把刘邦找回来，这时候刘邦已经聚集了有几百人的起义队伍。

当樊哙领着刘邦的几百人起义队伍，斗志昂扬地返回来的时候，沛县县令一看到这个阵势却又后悔了，害怕刘邦回来不好控制，弄不好还会为刘邦所杀，等于是引狼入室。他害怕这些人进城之后对自己不利，所以他命令将城门关闭；又怕萧何和曹参与城外的刘邦里应外合来反对自己，准备捉拿萧何和曹参，然后把他们杀掉。

萧何和曹参听到这个消息后，赶忙逃到了城外，跑到了刘邦那里，商量对付县令的办法。他们认为首先要将外边反秦起义的情况告诉县城里的群众，发动群众起来反对县令。

刘邦写了一封信绑在箭上，然后将信

射进城中，鼓动城中的百姓起来杀掉出尔反尔的县令，大家一起保卫家乡。百姓对平时就不太体恤他们的县令很不满，看到刘邦的信后，大家就杀了沛县县令，开城门把刘邦的起义队伍迎进城里来。大家共同推举刘邦为沛公，领导大家起事。刘邦便顺从民意，在县府的大院子里设坛祭祀天地，自称赤帝的儿子，领导民众举起了反秦大旗。

这一年已经是秦二世元年（公元前209年）的九月，此时刘邦已经48岁。当地

的群众不堪秦暴政的欺压和剥削，纷纷
参加起义，起义部队很快就发展到了两
三千人。

刘邦在沛县将起义部队作了些组织
整顿后，就开始向外发展。他首先攻占了
胡陵（今山东金乡县东南）和方与（今山
东金乡县北），这时秦朝泗水郡监率兵前
来镇压，在丰邑被起义军击败。刘邦让
自己的亲信雍齿守丰邑，自己带兵攻打薛
（今山东滕州东南），又打败秦军，杀了

泗水郡守。

这时陈胜派往魏地联络和发动反秦起义的周市，已经做了魏王的宰相，他置反秦大局于不顾，热衷于割地称王。他听说雍齿对刘邦不满意，就派人煽动雍齿脱离刘邦，并封他为守丰邑的侯，雍齿果然叛刘邦而降魏。刘邦对雍齿本来很信任，听到他叛变了自己，非常气愤。他带兵去攻打丰邑，没攻下，自己反而气病了。

　　此时反秦斗争的形势发生了很大的变化。陈胜在陈县（今河南淮阳县）建立张楚革命政权，在章邯率领的秦军主力的攻击下，受到了挫折。陈胜撤出陈县后，在下城父（今安徽涡阳）为叛徒所杀。这时候活动在东海一带的一支起义军首领秦嘉，听说陈胜牺牲了，就立景驹为楚王。

　　刘邦向秦嘉借兵，想把丰邑攻下解自己对雍齿之恨，但一直没有结果。此时，

秦末农民战争中另外一支强大的力量，即原来楚国贵族的后代项羽和叔父项梁，他们在吴中（现在江苏的吴市）起兵，兵力很快达到了近万人。他们渡江北上后，联合陈婴、英布、蒲将军领导的几支起义军，成为抗击秦军的主力军。

刘邦听到项梁在薛（今山东滕州东南），就很快率领军队去投奔项梁。项梁拨给刘邦十个将，士兵五千，刘邦领着这支部分军队再去攻打丰邑，雍齿逃到了魏国。由于刘邦与项梁的联合，并得到了项梁的支持，刘邦的起义军迅速发展壮大起来。

　　此时，章邯率领的秦军在打败陈胜领导的起义军后，便扑向项梁、刘邦领导的起义军。项梁证实了陈胜牺牲的确实消息后，就在薛召集诸将开了一个会，会上决定立楚怀王孙心为楚王，并研究了对抗秦军的战略。会后，项梁、刘邦联军冒雨攻克了亢父（今山东济宁南），又败章邯军于东阿（今山东阳谷东北）。刘邦和项羽又率领一支军队攻克了城阳（今山

东菏泽东），接着又打败秦军于濮阳（今河南濮阳西南）之东。在攻打项梁、刘邦领导的起义军时，章邯的军队屡遭败绩，就借环水围绕的濮阳城，坚壁固守，不敢出战。刘邦和项羽又转攻定陶（今三洞定陶西北），在雍丘（今河南杞县）之战中，斩杀了起义军的死对头秦三川郡守李由。

由于起义军的节节胜利，项梁因此骄傲起来，对敌人失去了警惕。狡猾的

章邯，就乘起义军骄傲、防备松懈之机，突然在黑夜里偷袭起义军，项梁因为没有防备，在定陶战败被杀。这时刘邦和项羽正在进攻陈留（今河南开封市），他们听到项梁战死的消息，为了保存实力，就主动作了战略退却，以彭城（今江苏徐州）为中心，互为犄角，准备迎接敌人的进攻。但是章邯在打败项梁之后，认为剩下的刘邦、项羽没有什么力量不值得再追击，就率领主力北上渡黄河，围攻赵国去

了。章邯的这一错误估计，就为刘邦、项羽重振兵力，创造了条件。

## （三）率军西征

章邯率领秦军主力北上围攻赵国后，减轻了对刘邦、项羽的压力。楚怀王趁机对军队进行了整顿，他封项羽为长安侯，号鲁公；封刘邦为武安侯；还任命陈胜原来的部下吕臣为司徒；其父吕青为令尹（相当于相国），并开会研究了下一步的战略部署。由于当时秦军主力集中围赵王歇于巨鹿（今河北平乡西南），情况很危急，赵王歇几次派人向楚怀王求援，于是楚怀王决定派军队去解巨鹿之围；另一方面，因为秦军主力集中围攻巨鹿，秦统治的核心地带——关中地区十分空虚，于是，决定派另一支西征军队入关。

在将领的人选上，项羽因急于要报敌人杀害项梁之仇，主动提出要求带兵西征。但楚怀王和一批老将领认为，项羽为人残暴，过去攻下襄城时，几乎把襄城的居民杀光，不得人心；而刘邦心胸比较宽大仁义，善于争取秦人的支持。所以楚怀王决定派懂兵法的宋义为北上救赵军队的上将军，项羽为次将，范增为末将；而派遣刘邦为西征将军，率军西征。

秦二世二年（公元前208年）末，刘邦率领着自己的部下和沿途收集陈胜、项梁的散卒，开始西征了。这是一支兵不过万人，人数并不多的军队，但斗志很旺盛，在成阳、杠里（今山东范县西）首战

告捷，大破秦军。沿途又联合了魏将皇欣、武蒲以及刚武侯的军队，进一步壮大了自己的力量。

当刘邦的军队经过高阳（今河南杞县西）的时候，在当地为乡村小吏的郦食其求见刘邦，劝他攻取陈留（今河南开封东南）。但陈留是一个重镇，城坚粮足，难于一时攻下。郦食其就自荐说他与陈留令是朋友，愿意去劝说他投降，刘邦听了很高兴。陈留令是一个秦统治的忠实维护者，他不听郦食其的劝说。因而郦食其在夜里趁机袭杀了陈留令，借城中混乱之机，一举拿下了秦国的军事重地陈留。刘邦充分利用了陈留的物资，军队很快就扩大到几万人。

秦二世三年（公元前207年），刘邦离开陈留，继续向西推进。他采取避实击虚的灵活战术，军事进展得很顺利。他本想通过函谷关（今河南灵宝东北）进入关中，但是在洛阳东激战中失利。刘邦躲开敌人的主力，向南迂回，出轘辕关（今河南偃师县东南）转向阳城（今河南登封告城镇），准备改道从秦军防守薄弱的武关（今陕西丹凤东南）进入关中。

刘邦让韩王成留守阳翟（今河南禹县），以牵制河南的秦军，自己与张良率领主力军队进攻南阳郡。他与秦南阳郡守先战于犫县（今河南鲁山东），东南阳郡

守大败后退入宛城（今河南南阳）坚守不出。刘邦如果强攻宛城，不但会损伤兵力，而且延缓了西进的时间。所以，刘邦想绕过宛城，继续向西挺进。张良认为这样的军事行动太冒险，有腹背受敌被夹攻的可能。刘邦听取了张良的意见，连夜改道又返回宛城，再次将宛城围困起来。

南阳郡守对守城失去了信心，就想自杀。这时他的门客陈恢劝他说："不要急

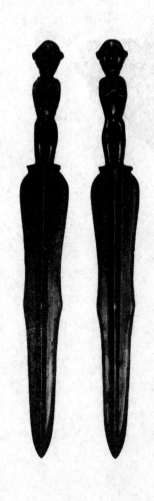

着死，还不到死的时候。"于是陈恢越城去见刘邦，劝刘邦不要用强攻的办法，强攻对双方都不利。他建议刘邦对秦的官吏，要尽量采取劝降的策略。这样可以化阻力为助力，兵到之处不刃而降。刘邦正怕强攻宛城，拖延自己西进的战机，听了陈恢的建议。他马上封南阳郡守为侯、陈恢为千户，让他们仍在当地驻守，自己带着宛城的甲兵继续西进。此后正因为刘邦正确地对敌人采取了争取瓦解的政策，果然所向披靡，丹水（今河南淅川县西）、胡阳（今河南唐河县南）、析县（今河南内乡县西北）、骊县（今河南内乡县东北）的秦军守将，都望风迎降。

由于起义军的节节胜利，这使秦朝统治阶级内部的矛盾激化。赵高杀死了秦二世，立子婴为秦王。子婴派人来见刘邦，愿意与刘邦分关中之王。刘邦认为是诈，没有理会。他乘胜前进，在守将无备的情况下，一举攻克武关，打开了进军关中的大门。这时秦王子婴又杀死了赵高，派兵去守峣关（今陕西商县西北），妄图进行最后的挣扎。

刘邦想乘胜强攻秦峣关守军，但张良认为仍不可轻敌。张良侦查到守卫峣关的秦将是一个屠夫的儿子，爱财好利，就一面派人重金贿赂秦将，一面派骑兵绕到峣关秦军后面，前后夹攻，将其消灭。接着，刘邦又在蓝田击败秦军的最后

一道防线，秦国的首都咸阳，已完全暴露在刘邦的大军之下。

## （四）推翻秦朝统治

汉高祖元年（公元前206年）十月，沛公刘邦率领十万胜利的大军在各路诸侯中最先到达霸上，进入秦国的首都咸阳。秦王子婴看到大势已去，驾着白车白马，

用丝绳系着脖子，封好皇帝的御玺和符节，在枳道（亭名）旁投降。秦始皇统一中国之后建立的强大的秦王朝，在农民起义军的打击下，最终投降瓦解了。这是我国历史上第一次以农民革命的力量，推翻了一个强大的封建王朝。刘邦在这一斗争中，立下了不可磨灭的功劳。

进入咸阳后，将领们有的说应该杀掉秦王。沛公说："当初怀王派我攻关中，就是认为我能宽厚容人；再说秦王已经投降，又将其杀掉，这么做不吉利。"于是把秦王交给主管官吏，自己带着部下进入了咸阳城。

刘邦此前只当过一个小小的亭长，他进入咸阳秦的宫室后，被富丽堂皇的宫殿、五光十色的财宝、美丽多姿的女人所吸引，于是刘邦就想留在秦宫殿中休息，享受帝王的生活。樊哙看出了刘邦对这种豪华的帝王生活的迷恋，就劝阻刘邦说："你是想取得天下，还是想当一

个富翁？"刘邦回答说："我当然想取得天下。"樊哙接着说："依我看，豪华的宫室，数不尽的财宝，妖艳的美女，正是导致秦朝灭亡的原因。你要是想取得天下，就不要留恋这些东西。"刘邦听不进樊哙的劝告，樊哙就把刘邦最信任的张良找来，要张良再劝说刘邦。张良说："樊哙的劝告是对的。你所以能打到这里，就是因为秦朝残暴。现在刚刚推翻秦的统治，你就追求享乐，不是'助纣为虐'吗！"刘邦终于接受了他们的意见，下令把秦宫中的贵重宝器财物和库府都封好，只是萧何带走了"秦丞相御史律令图书"，也就是官方的一些文件资料，然后他们一起退回咸阳东郊的霸上（今陕西西安东）驻扎。

三、立足关中

## （一）约法三章

刘邦退居霸上后，为了争取到秦统治下的群众的支持，就在霸上召来各县的父老和有才德、有名望的人，对他们说："父老们苦于秦朝的苛虐法令已经很久了，批评朝政得失的要灭族，相聚谈话的要处以死刑，我和诸侯们约定，谁首先进入关中就在这里做王，所以我应当关

中王。现在我和父老们约定,法律只有三条:杀人者处死刑,伤人者和抢劫者依法治罪。其余凡是秦朝的法律全部废除。所有官吏和百姓都像往常一样,安居乐业。总之,我到这里来,就是要为父老们除害,不会对你们有任何侵害,请不要害怕!再说,我之所以把军队撤回霸上,是想等着各路诸侯到来,共同制定一个规约。"刘邦随即派人和秦朝的官吏一起到各县镇乡村去巡视，向民众讲明情况。秦地的百姓都非常高兴，争着送来牛羊酒食慰劳刘邦的军队。沛公推让不肯接受，说："仓库里的粮食不少，并不缺乏，不想让大家破费。"人们更加高兴，唯恐沛公不在关中做王。由于坚决执行约法三章，刘邦得到了百姓的信任、拥护和支持，最后取得天下，建立了西汉王朝。

## （二）鸿门宴

在刘邦顺利西进的同时，宋义、项羽、范增率领的北上救赵的军队，也取得了辉煌的胜利。项羽不满意宋义进军时的畏缩不前，他杀掉宋义，自立为上将军，自己带领军队，破釜沉舟，九战九胜，大败围困巨鹿的秦军。以后又击败围攻巨鹿的援军章邯，迫使章邯率二十万秦军投降。刘邦和项羽在出发前，楚怀王曾有约：先入关中者为王。这时项羽听到刘邦的军队已经进

入关中，就日夜兼程，向关中进发。到了函谷关的时候，项羽见刘邦派兵把守关口，非常愤怒，立即攻破了函谷关。但是项羽已经晚了一步，当他的四十万大军抵戏（今陕西临潼东北）时，刘邦早已推翻了秦的统治，还布兵霸上等待着项羽。

这时，刘邦的军队驻扎在霸上，没有跟项羽相见。刘邦的左司马曹无伤派人去告诉项羽说："刘邦想占领关中称王，让子婴做他的相国，把所有的珍珠宝器都归为自己所有。"项羽听了非常生气地说："明天用酒肉犒劳士兵，要打败刘邦的军队。"在这时，项羽的军队有四十万人，驻扎在新丰县鸿门；刘邦的军队有十万人，驻扎在霸上。范增劝告项羽说："刘邦在崤山以东时，贪图财物，喜爱美女。现在进入关中，财物一点都不要，美女一个也不亲近，这表现他的志向不小。我派人去看过他那里的云气，都是龙虎形状，成为五彩的颜色，这是天子的云气啊。你赶快攻打他，不要失掉时机！"

楚国的左君项伯是项羽的叔父，平时一向与张良友好。张良这时候跟随着刘邦。项伯就连夜骑马赶到刘邦军中，私下会见了张良，把事情详细地告诉了张良，怕张良和刘邦一起受害，想叫张良和

他一起离开刘邦，张良不愿意一人脱险，就把情况详细地告诉了刘邦。刘邦大吃一惊，马上邀请项伯。

项伯立即来见刘邦，刘邦奉上一杯酒为项伯祝福，并约定为亲家，说："我进入关中，极小的财物都不敢沾染，登记官吏，人民，封闭了收藏财物的府库，以等待将军的到来。之所以派遣官兵去把守函谷关，是为了防备盗贼的进入和意外变故，日日夜夜盼望着将军的到来，怎么敢反叛呢！希望你能向项羽详细地说明，我是不敢忘恩负义的。"项伯答应了刘邦的要求，并请刘邦第二天去向项羽当面解释误会。

　　刘邦第二天带领一百多人马来见项羽，到达鸿门。项羽当天就趁此机会留刘邦同他饮酒。项羽、项伯面向东坐；亚父面向南坐——亚父，就是范增；刘邦面向北坐；张良面向西陪坐。范增多次使眼色给项羽，举起他所佩带的玉玦向项羽示意多次，项羽默默地没有反应。范增站起来，出去召来项庄，对项庄说："君王的为人（心肠太软），不忍下手。你进去上前祝酒，祝酒完了，请求舞剑助兴，趁机把刘邦击倒在座位上，杀掉他。不然的话，你们都将为他所俘虏!"项庄就进去祝酒。
祝酒完了,说:"君王和沛公饮酒,军营里
没有什么可以用来娱乐,请让我舞剑助
兴吧。"项羽说:"好。"项庄就拔出剑舞
起来。项伯也拔出剑舞起来,并常常像鸟
一样张开翅膀一样掩护刘邦,项庄始终
得不到机会刺杀刘邦。坐了一会儿,刘邦
起身上厕所,顺便招呼樊哙一道出去,而
后逃离了项羽的营地。这就是历史上有
名的鸿门宴。

四、楚汉战争

## （一）破三秦

项羽入咸阳，烧阿房宫、杀秦王子婴。项羽表面上尊楚怀王为义帝，实际却将其发配到了江南，自立为西楚霸王，定都彭城（今江苏省徐州市），同时分封十八个诸侯，其中封刘邦为汉王，领巴蜀及汉中地，并故意封秦降将章邯、司马欣、董翳(意)为雍王、塞王、翟王，领关中地，

以扼制刘邦。刘邦只好忍气吞声接受封号。

刘邦受封为汉王之后，非常不满，因为这违反了楚怀王先入关中者为王的诺言，所以想马上起兵攻打项羽。但是萧何等人认为，目前刘邦的力量远不及项羽，不如暂时先入汉中为王，先治理好巴蜀，然后以此为根据地，到时再与项羽争夺天下，也为时不晚。刘邦接受了萧何的意见, 于四月带领着项羽给的三万士兵以及几万自己的旧部入汉中就王位。他还为了麻痹项羽, 沿途烧毁了去往汉中的栈道(用木板架在悬崖上铺成的道路), 表示再也无意出兵。刘邦入汉中后, 项羽也率军东归。五六月, 齐国贵族后裔田荣不满分封, 赶走齐王, 杀胶东王, 自立为齐王。项羽专心去攻打田荣, 对西边没有加强防范。

刘邦到了南郑后，由于士卒水土不服，思念家乡，军心不稳，时有逃亡者。韩信向刘邦建议："士卒都是山东（函谷关以东）人，现在日夜盼望东归，利用这种情绪，可以向东发展，争权天下。"刘邦也认为在汉中时间长了，影响军心和斗志。他就利用项羽在忙于解决东方几个诸侯国叛乱之机，让萧何留守汉中，治理后方，自己率领军队东进。十月，刘邦挥军东出，拜韩信为大将，明修栈道，暗度陈仓(今陕西省宝鸡市东)，名为义帝发丧，派人联络诸侯，公开声讨项羽，出其不意地一举击败项羽分封的雍王章邯，迫使塞王司马欣、翟王董翳投降，很快就控制了整个关中地区，拉开了五年楚汉战争的序幕。

### （二）初战彭城

刘邦占领关中以后，让萧何治理，把它变成刘邦的大本营。这时刘邦乘项羽的主力陷入山东正在镇压齐国叛乱之机，率领主力出关东下，直奔项羽的后方彭城。

刘邦的进军很顺利，沿途吸收了很多降服的诸侯军，并率领五十万诸侯联军一举攻占彭城。项羽听说彭城被刘邦占领，急率精兵三万连夜奔回救彭城。

这时的刘邦被胜利冲昏了头脑，日夜置酒高歌，庆祝胜利，毫无戒备，结果被项羽的军队击败。刘邦在撤退过程中，又散乱不成军，被项羽追上后全军溃败，被歼三十余万。刘邦的父亲和妻子也都为项羽所俘获，他仅率数十骑逃脱。各路诸侯军见刘邦大败，又纷纷倒戈，脱离刘邦而投向项羽，刘邦的处境非常困难。

刘邦带领着数十骑一直退到了荥

阳、成皋（今河南荥阳汜水镇）一带，才停下来收集散卒，进行整顿。这时韩信带了一部分军队前来荥阳与刘邦会合，萧何也从关中不断增派援兵，刘邦稍稍恢复了力量。他变攻势为守势，利用成皋一带依山傍水、地势险要的特点，构筑防御工事，准备抵抗项羽的进攻。当项羽的追兵到达的时候，刘邦在荥阳东南的京、索一带，击败了项羽的军队，阻止了楚军的西进。双方在成皋一带进入了相持阶段。

## (三) 争夺成皋

五月,刘邦到达荥阳,击败了楚的追兵,得以喘息,稳住了阵脚,遂重整军队,依托关中基地和有利地势与项羽长期抗争。

此时刘邦总结了彭城之战失败的教训,改变了与项羽进行主力决战的办法。张良帮助刘邦分析了项羽内部的各种矛盾,提出了用政治斗争分化瓦解项羽的力量,采取派军队深入项羽的后方,破坏其根据地,南北夹攻,使项羽处于前后左右受敌,疲于招架的境地。

刘邦同意张良的分析,他派萧何留守关中,自己率主力与项羽在荥阳、成皋一带对峙;命令韩信开辟北面战场,消灭燕、赵、魏、代和三齐,从侧面威胁项羽的后方;刘邦还派彭越深入项羽腹地,流动作战,骚扰项羽的运输线。六月,刘邦派兵攻废丘,追章邯自杀,解除了后顾之

忧；派人说服英布反楚归汉，并采用陈平的离间计，使项羽和他的主要谋士范增发生矛盾，气死了范增。所以这时主战场，虽然刘邦在项羽的军事打击下，连连失利，被迫放弃了军事重镇荥阳和成皋，项羽在这里取得了主动权；但在其他战场上，项羽却处在被动挨打的地位。

由于刘邦派刘贾的两万骑兵，轻装深入到项羽的后方，配合彭越连下十七

城，惊扰了楚军的后方，迫使项羽不得不将主力撤出，向东回师，以扫清后方之敌。

为了减轻楚军的压力，刘邦率军经武关、宛(今河南南阳)、叶(今河南叶县南)，想引诱项羽南下。为配合汉军行动，此时韩信也率军到达黄河北岸，声援荥阳。彭越正在进攻下邳(今江苏邳州南)。

项羽被迫率军回救，刘邦乘机收复成皋。刘邦一面命汉军在巩县一带坚守，阻击楚军前进，一面命韩信组建新军击齐，派人入楚腹地协助彭越进攻睢阳(今河南商丘南)、外黄等地，再次迫使项羽回救。在丢失成皋，荥阳又被刘邦围困的危急情况下，项羽的主力又被迫回师以解荥阳之围。

## （四）鸿沟定盟

　　项羽在击败彭越后，寻汉军主力决战不成，屯兵广武(今荥阳北)与刘邦形成对峙。不久，韩信在潍水之战中歼灭齐楚联军，完成对楚侧翼的战略迂回，又派灌婴率军一部直奔彭城。由于项羽的士兵来回奔波，疲于奔命，而后方的供应又屡遭切断，所以士气很低落。而刘邦却源源不断地得到后方的支持，所以越战越强。

　　项羽想用速战的方法一决胜负，刘邦却采用持久战的办法，以困疲项羽的力量。这时项羽看到军事力量已经难以消灭刘邦，就借刘邦要求释放被俘的父亲和妻子吕雉的机会，向刘邦提出以鸿沟（今河南荥阳、中牟、开封一带）为界，鸿沟以西归刘邦，鸿沟以东归项羽，中分天下的主张。刘邦同意了他的要求，于是项羽送还太公、吕雉，撤兵回楚。

## （五）四面楚歌

公元前202年，项羽撤回彭城后，刘邦也准备回到关中。张良、陈平向刘邦建议："现在汉已经拥有大半个天下，诸侯也都支持您，而项羽在这时已经兵疲粮尽、众叛亲离，应该趁项羽衰弱的时候消灭他。如果错过了这个机会，把项羽放走，就等于帮助项羽恢复力量，再来与您争夺天下。"刘邦采纳了他们的意见,立即挥师追击项羽。

汉高祖五年(公元前202年)十月,刘邦在阳夏之南追到了项羽,并派人约韩信、彭越前来会师,共击项羽。但韩信、彭越故意误期不到,使刘邦孤立作战,在固陵(今河南太康县西)被项羽打败。刘邦一方面整顿军队固守;另一方面为了

争取韩信、彭越的支持，答应他们打败项羽后，把从陈县以东到海滨的土地封给韩信，把睢阳(今河南商丘南)到穀城的土地封给彭越，又派人劝降了项羽的大司马周殷，英布这时候也早已经接到了刘邦的命令，率重兵深入九江一带，切断项羽南方的退路。当刘邦对这些人作了争取和战略部署之后，十二月就与韩信、彭越、周殷、英布的三十万大军，会师在垓下(今安徽灵璧县南)，将项羽团团围住。

这时项羽手下的兵士已经很少，弹尽粮绝。一天夜里听见四面围住他的军队都唱起楚地的民歌，以为刘邦已经全部占领了楚地，不禁非常吃惊地说："刘邦已经得到楚地了吗？为什么他的部队里面楚人这么多呢？"说着，心里已丧失了斗志，便从床上爬起来，在营帐里面喝酒解闷，悲壮地唱了一首歌："力拔山兮气盖世，时不利兮骓不逝，骓不逝兮可奈何，虞兮虞兮奈若何！"骓是他的骏马，虞是他心爱的美人，一代英豪的项羽，这时在刘邦大军的包围下绝望了。他和他最宠爱的妃子虞姬一同唱歌。唱完，悲痛欲绝，在一旁的人也非常难过。虞姬自刎于项羽的马前，项羽告别了虞姬，带领八百精锐骑兵，突围而出。

## （六）乌江自刎

天亮后，刘邦发现项羽逃走，就命令大将灌婴率领五千轻骑追击。项羽渡过淮河以后，八百骑兵就只剩下一百多人，到了阴陵（今安徽定远西北）时，迷失了道路，陷入一片沼泽中，因而被刘邦的追兵赶上。项羽边战边退到东城（今安徽定远东南），身边只剩下二十八骑。项羽鼓足最后的一点力量，作了两次垂死的挣扎，最后逃到乌江（今安徽和县东北）时，只剩下他一个人。他悲恨交加，感到无言面对江东父老，拔剑自刎而死，历时五年的楚汉战争，最后以项羽的失败结束了。

五、建立汉朝

## （一）称帝建汉

汉高祖五年（公元前202年）正月，在楚汉战争刘邦已经取得重大胜利的形势下，受封的韩信和彭越联合原来的燕王臧荼、赵王张敖以及长沙王吴芮共同上书刘邦，请他即位称帝。刘邦假意推辞说："当皇帝的要有大贤大德，我不敢当。"众人又劝刘邦说："你虽然出身低微，但起而扫灭暴秦，诛杀不义，又平定四海，安定天下，对有功的人都封为王侯。你如果不当皇帝，就不能稳住大家、保住共同打下来的天下。"刘邦再三推让后，就表示同意说："你们既然认为我当皇帝对国家有利，我就接受尊号吧！"

二月初三，刘邦在山东定陶汜水之阳举行登基大典，定都洛阳，定国号为汉，刘邦就是汉高祖。

刘邦当皇帝后，在已成事实的基础上，大封功臣为诸侯王。韩信原来是齐

王，改封为楚王，建都下邳；彭越被封为梁王，建都定陶；韩王信仍为韩王，建都阳翟（后迁都太原）；吴芮原为衡山王，改封长沙王，建都临湘（今湖南长沙）；英布原为九江王，改封为淮南王，建都于六；赵王张敖封地不变，建都襄（今河北邢台西南）；臧荼的燕王封地不变，建都蓟。此外，闽粤王无诸、南粤王赵佗，他们在反秦斗争中都自立为王，刘邦也承认了他们的地位。

即位的同年五月，刘邦在洛阳的南宫开庆功宴。宴席上，刘邦让大家总结战胜项羽、取得天下的经验和教训。高起和王陵认为："刘邦与项羽相比，刘邦作风粗暴，爱骂人，而项羽对人和蔼尊重，这是刘邦不如项羽的地方；但是刘邦对部下宽宏大量，攻下的地方都封给有功的将领，而项羽却嫉妒部下的功劳，对有功的人常常疑神疑鬼，不予重用，所以大家都逐渐离开了他。"刘邦认为他们的看法不全面，他自己总结了取胜的原因："论

运筹帷幄之中，决胜于千里之外，我不如张良；论抚慰百姓供应粮草，我又不如萧何；论领兵百万，决战沙场，百战百胜，我不如韩信。可是，我能做到知人善用，发挥他们的才干，这才是我们取胜的真正原因。至于项羽，他只有范增一个人可用，但又对他猜疑，这是他最后失败的原因。"刘邦总结的战争的胜败，人的因素总是最重要的。显然，刘邦的看法比高起和王陵要深刻得多。

## (二) 定都长安

称帝之后，摆在刘邦面前的最重要的事情就是在哪里定都。这时，齐人娄

敬从山东赶回洛阳，向刘邦建议迁都关
中。刘邦让大家讨论建都在什么地方最
合适，很多人因为已经在洛阳安下家来，
都主张建都洛阳不动。只有张良支持娄
敬的迁都意见。他认为关中地区比洛阳
一带富饶，而且进可以攻，退可以守，建
都关中在政治上和经济上都有利。所以
刘邦接受了娄敬的意见，迁都关中的长
安。

　　因为关中的秦宫室，都已经毁于战

火，所以迁都长安以后，刘邦让萧何负责营建未央宫。萧何将未央宫设计得很壮丽，刘邦看了很不高兴。他认为，经过秦末的大战乱，老百姓都很困难，政局也没有完全稳定下来，造那么豪华的宫室有点过分了。但萧何认为，正因为天下的政局尚未定下来，所以皇帝住的宫室才需要建得很壮丽，它能起到提高皇帝的威望，稳定天下的作用。

刘邦刚当皇帝的时候，因为群臣的

出身多为布衣小吏，所以大家不懂也不
习惯那些繁琐的宫廷礼仪。有时候在正
式的宫廷宴会上，大家常常喝醉了酒，互
相乱叫打斗，无法体现皇帝的尊严，刘邦
对此十分恼火，但苦于无法制止。叔孙通
在秦朝当过博士，懂得宫廷礼仪，向刘邦
建议，要制定一套宫廷礼节，以提高皇帝
在群臣中的威严。刘邦同意了叔孙通的建
议，要他制定一套不太繁琐的礼仪，以约
束群臣。后来长乐宫建成，刘邦再摆宴席
庆祝的时候，事先叔孙通根据自己制定的

礼仪，先训练了大臣们一番，所以在宴会上，大家都遵守规定的礼仪，在刘邦面前谁也不敢再吵闹打斗了。刘邦对叔孙通制定的礼仪很满意，对大家说："今天我才体验到当皇帝的威风和尊贵！"

## （三）白登之围

自从在秦始皇统治时期打败匈奴以后，北方平静了十几年。到秦朝灭亡之后，中原又发生了楚汉相争，匈奴就趁机一步一步向南进军。

汉高祖的时候，匈奴的冒顿单于带领四十万人马包围了韩王信（原韩国贵族）的封地马邑（今山西朔县）。韩王信抵挡不了，向冒顿求和。汉高祖得到这个消息，派使者责备韩王信。韩王信害怕汉高祖治他的罪，向匈奴投降了。冒顿占领了马邑，又继续向南进攻，围住晋阳。汉高祖亲自赶到晋阳，和匈奴对敌。

公元前200年的冬天，天空下着大雪，气候特别冷，中原的兵士没碰到过这样冷的天气，冻坏了不少人，有的人竟冻掉了手指。但是，汉朝的军队和匈奴兵一接触，匈奴兵就败走。一连打赢了几阵。后来，听说冒顿单于逃到代谷（今山西代县西北）。

汉高祖进了晋阳，派出兵士去侦察，回来的人都说冒顿的部下全是一些老弱残兵，连他们的马都是瘦弱的。如果趁势打过去，准能打胜仗。汉高祖害怕这些兵士的侦察不可靠，又派刘敬到匈奴营地去刺探。刘敬回来报告汉高祖说匈奴有伏兵，汉高祖不信，便率领一队人马赶到平城（今山西大同市东北），突然四下里涌出无数匈奴兵来，个个人强马壮，原来的老弱残兵全不见了。汉高祖拼命杀出一条血路，退到平城东面的白登山。

冒顿单于派出四十万精兵，把汉高祖围困在白登山。周围的汉军无法救援，汉高祖的一部分人马在白登，整整被围了七天，无法脱身。高祖身边的谋士陈平打发了一个使者带着黄金、珠宝去见冒顿的阏氏（匈奴的王后），请她在单于面前说些好话。阏氏一见这么多的礼物，很高兴。当天晚上，阏氏便劝说冒顿退兵。冒顿听了阏氏的话，第二天一清早，就下令将包围网撤开一角，放汉兵出去。

第二天清早，天正下着浓雾，汉高祖悄悄地撤离了白登。陈平还不放心，叫

弓箭手朝着左右两旁拉满了弓，保护汉高
祖下山。汉高祖提心吊胆地走出了匈奴的
包围圈，快马加鞭，一口气逃到广武。他
定了定神，首先把刘敬放出来，说："我没
听你的话，弄得在白登被匈奴围了起来，
差点儿不能和你见面了。"

　　汉高祖逃出了虎口，自己知道没有力
量再去征服匈奴，只好回到长安。此后，

匈奴一直侵犯北方，令汉高祖大伤脑筋。他问刘敬该怎么办？刘敬说："最好采用'和亲'的办法，大家讲和，结为亲戚，彼此可以和和平平地过日子。"汉高祖同意刘敬的意见，派刘敬到匈奴去说亲，冒顿同意了。汉高祖挑了一个宫女所生的女儿，称作大公主，送到匈奴去，冒顿就把她立为阏氏。

## （四）诛杀功臣

刘邦在楚汉战争和西汉立国之初，因为斗争的需要，被迫封了一些异姓诸侯王，这批诸侯王中，有一些拥兵割地有相当大的力量。他们的存在成为西汉王朝初年威胁中央集权的潜在力量。

刘邦虽然做了皇帝，但他也没敢对自己的皇位掉以轻心。他在设盛宴招待英布等大臣时，曾经对在场的父亲夸耀说："原先您老经常说我是个不干活、不读书的无赖，不及二哥能理家治业。如今我做了皇帝，您看现在是二哥的财富多，还是我的财富多呢？"不过在享乐的同时，他也采取措施对皇权进行了巩固。

第一个让他不放心的就是在各地的异姓王。他们都有兵将，有的还三心二意。第二个问题就是其他将领，为功劳大

小和赏赐的多少争斗不止，如果安抚不当，就会投奔那些异姓王作乱。还有原先六国的后代也不能掉以轻心。在中央，丞相的权力对他这个皇帝也构成了威胁。刘邦从做了皇帝到最后病死，共有八年时间，基本都用在了解决这些让他不放心的问题上。

汉高祖五年（公元前202年），刘邦刚

　　刚当上了皇帝，原来项羽分封的临江王
欢就举兵反叛，刘邦派刘贾围攻其数月
而降，刘邦将他杀于洛阳。燕王臧荼也
是项羽分封的王，后来刘邦予以承认，不
久他也举行反叛，并且取得了代地，刘邦
亲自带兵击败了臧荼。

　　对刘邦威胁最大的是楚王韩信。韩
信原来是项羽的部下，因为不被重用而
改投在刘邦的军中，他在萧何的支持下，
逐步受到刘邦的重用，迫使刘邦封他为
齐王。刘邦称帝后，因为韩信与项羽的一

些部下有关系，改封韩信为楚王。项羽的部下钟离昧与韩信是老朋友，失败后躲在韩信那里，刘邦让韩信交出来，韩信对此不理不睬。

汉高祖六年（公元前201年），有人告发韩信谋反。刘邦问怎么办，大家说发兵讨伐。但陈平却反对，他说楚国兵精粮足，韩信又善于用兵，发兵很难取胜。他建议刘邦以巡游云梦为借口，让各诸侯王都到陈县（现在河南淮阳），到时韩信一定会来，然后再抓他问罪。刘邦依计行事，韩信带着钟离昧的头颅去见刘邦，想表明自己并无反叛之意，但刘邦还是将韩信逮捕了。

韩信听到对他的指控，大声喊冤："古人说得果然不错，'狡兔死，走狗烹；飞鸟尽，良弓藏；敌国破，谋臣亡。'现在天下已经平定，我这样的人也早就该烹杀了。"刘邦将韩信押到洛阳，但又没有明确的证据，便释放了他，但降成了淮阴侯。这时韩信住在洛阳，心情十分苦恼。

第二年，陈豨被任命为赵相国兼监

赵、代边兵，赴任前与韩信告别，韩信对他说："你那个地方是战略要地，你的一言一行都容易受到刘邦的猜疑，假如有人诬告你三次，说你要叛乱，刘邦一定会亲自去征讨，你要多多注意保重。"

后来有人向刘邦告发陈豨要反叛，刘邦果然亲自前去平叛。刘邦要韩信随行，韩信托病不去。他暗中派人告诉陈豨："你在边外起兵，我在京城协助你。"

韩信与家臣密谋，想在夜里假传诏书"赦诸官徒奴"，把那些奴隶发动和组织起来，去袭击太子和吕后。不料他的阴谋被门客的一个弟弟告发，萧何和吕后就假称刘邦征讨陈豨已经大获全胜，要文武百官都去庆贺，将韩信诱骗入宫抓捕，最后在长乐宫斩首，留下一个"成也萧何，败也萧何"的成语。

陈豨曾带兵五百人参加刘邦入关中的战斗，后因在平定燕王臧荼的叛乱中

有功，被封为阳夏侯。他在任巨鹿郡守时，有一次请假回家路经赵国，随从宾客有一千多辆车子，赵相周昌怀疑他要造反，密报给刘邦。刘邦派人核查，发现陈豨有贪赃枉法的事情。陈豨很害怕，就暗中与投降了匈奴的韩王信及其部将王黄、丘曼臣联系，以取得他们的支持。

后来刘邦的父亲去世时，派人送讣告给陈豨，他假装病重不去吊丧。这时他便与王黄等人勾结起来，自立为代王，举兵反对刘邦。刘邦立即亲自带兵讨伐，他

采取了争取大多数，只集中打击陈豨、王
黄、丘曼臣等少数罪魁的正确策略，充分
依靠燕、赵等地的将领，接连打败陈豨的
军队，活捉了王黄和丘曼臣。刘邦返回长
安，继续让周勃、樊哙领兵追击，不久就
在当城（今河北蔚县东）斩杀了陈豨，平
定了叛乱。

　　和陈豨联合叛乱的韩王信，是已故
韩襄王的孙子，在刘邦还定三秦的斗争
中，他平定韩地有功，被刘邦封为韩王，

在今山西北部守边以防匈奴。他在与匈奴的斗争中，贪生怕死，屡次求和。刘邦怀疑他与匈奴有勾结，派人去责备他，韩王信很害怕，就公开投降了匈奴，反过来攻打太原。刘邦又一次率兵亲征，斩其大将王喜，韩王信逃入匈奴。后来他又领匈奴兵入扰参合（今山西阳高东北），刘邦派柴武征讨时，柴武在政治上争取韩王信投降无效，就用武力击败了他的军队，斩杀了韩王信。

卢绾与刘邦是同乡，刘邦起兵后他一

直作为亲信追随在刘邦的左右。在平定燕王臧荼的叛乱中，他被封为燕王。刘邦在平定陈豨的叛乱中，他奉命去作战。当时陈豨正派人向匈奴求兵，而卢绾也派使者张胜去匈奴，劝说匈奴不要派兵支持陈豨。张胜在匈奴碰见了原燕王臧荼逃亡在那里的儿子臧衍，他劝张胜不要支持刘邦平陈豨的战斗，陈豨如果失败了，刘邦下一个就会收拾燕王卢绾。卢绾听了张胜的话，就暗中派张胜去联络匈奴，以巩固自己的地位。又派范齐去告诉陈豨，表示支持他反叛到底。刘邦平定了

陈豨的叛乱后，陈豨的部下揭发了卢绾的这一活动。刘邦派人召卢绾进京对质，他装病不去。刘邦又派审食其和赵尧去接卢绾，他避而不见。审食其、赵尧从卢绾的左右，了解到卢绾确有反意，并回京报告给刘邦。这时正好有匈奴的降者也揭发了张胜在匈奴的活动，刘邦便派樊哙去讨伐卢绾，他自知不敌，就带着家人和几千部下逃到了匈奴，一年多后死在了那里。

赵王张敖是刘邦的女婿。他的相贯高对刘邦的傲慢专横不满，曾想在刘邦

路过赵国，夜宿柏人县（今河北内丘县东北）馆舍时，刺杀刘邦。但那天刘邦未宿柏人县，所以刺杀未成。这一密谋后来被人告发。刘邦下令逮捕了张敖、贯高等人，贯高一口咬定刺杀事件完全是他个人的密谋、张敖并不知情，结果贯高自杀，张敖因吕后的援救，被贬为宣平侯。

彭越是起义比较早的一个将领，他在楚汉斗争中，曾是举足轻重的一个人物，刘邦把他争取过来击败项羽后，封他为梁王。刘邦征讨陈豨时，要他领兵参战，彭越装病，只派部将领兵前往。刘邦派人责问，他的部将劝其反叛，彭越犹豫不决。这时彭越的太仆向刘邦告发他与部将谋反，刘邦派人逮捕了彭越，审讯的结果认为他反形已具，就把他废为庶人，发配去西蜀。

彭越走到郑（今陕西华县）时，正好碰到由长安去洛阳的吕后，就向她哭诉自己无罪，要求不去西蜀而回老家昌邑。吕后认为留下彭越是一个后患，就假意同情他，将他带回洛阳后，建议刘邦把他杀了。

英布也是参加秦末起义比较早的一个将领，他一开始追随项羽，在反秦斗争中屡立战功。在楚汉战争中他被刘邦争取过来，因参加击败项羽的战斗有功，刘邦称帝后被封为淮南王。

刘邦在诛灭彭越后，把彭越的尸体剁成肉酱，分赐诸侯，以警告他们不要谋反。英布看到和自己同样有战功和地位的将领先后被杀，心里已经很恐惧，又看到彭越的肉酱，就更加惶恐。于是，他秘密

让部下集中兵马，以等待时机进行反抗。
他的动向被人告发，刘邦派人调查，也抓
住一些证据，英布因而起兵反叛。刘邦
决定带兵亲征。两军在蕲县（今安徽宿县
南）相遇。刘邦在军前当面质问英布为什
么要反叛，英布的回答很直截了当，就是
他也想当皇帝。

在战斗中英布被击败，渡过淮河逃
难。英布是长沙王吴臣的姐夫，刘邦让吴

臣利用亲戚关系，将战败走投无路的英布骗到番阳（今江西波阳县东）的兹乡杀了。这样，在刘邦称帝以后，用了七年的时间，寻找各种借口，除了远处南方力量较小的长沙王吴芮外，陆续将异姓诸侯王都消灭了。

对于其他将领，刘邦也颇费心机。

开始，刘邦先是分封了萧何等二十余人官职，但众将领因为互不服气，争功不止，刘邦就没有封官。

一次，在洛阳南宫，刘邦看见众将坐在沙地上不知在说什么，问身边的张良怎么回事，张良说他们在谋反。刘邦问为什么，张良说怕他以后不会封他们高官。刘邦又问怎么办,张良就问他最恨的人是谁,刘邦说是雍齿,因为他虽然功劳多,但太张狂,自己曾经想将他杀掉。张良听了就让他封雍齿为侯,这样,大家就觉得被刘邦记恨的雍齿都能受封,他们就更不用担心了。于是,刘邦大摆庆功宴,封雍齿为什方侯,还当场命丞相和御史抓紧时间草拟论功行赏分封的名单。张良的计策果然奏效,众将的心都安定了。

对于六国的后裔,刘邦则将他们和

地方的名门望族共十几万人全部迁到关中居住，置于中央控制之下，消除了后顾之忧。

关于丞相的过大权力，刘邦通过把萧何下狱来打击削弱相权。在刘邦平定了英布叛乱回到长安后，萧何提议把上林苑开放，让百姓去耕种，因为上林苑基本上已经荒芜，并没有养兽供皇帝狩猎的地方。刘邦一听就恼了，硬说萧何拿了商人的贿赂，所以才替他们说话，借百姓之名为商人牟利。刘邦将萧何关进了监狱，几天后，有大臣问丞相犯了什么罪，刘邦却为自己狡辩说："原先李斯做秦国的丞相，凡是功劳都归始皇，不好的事都由自己承担。现在丞相萧何却接受了商人的贿赂，替他们求我开放上林苑，收买人心。因此要治他的罪。"通过打击元

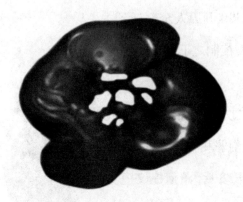

老功臣萧何，刘邦在削弱相权的同时将皇帝的权力提高了。

## （五）强化皇权

在巩固强化皇权方面，刘邦也是想尽了办法，一是通过尊父亲太公为太上皇；二是通过对季布和丁公的处理。这两件事最终达到了他的目的。

1.尊父亲为太上皇

在经历了春秋和战国长期的混乱之后，又经历了短期的秦朝统治，再加上秦末战争，这使得人们心中没有忠君的观念，还保持着战国以来形成的"士无常君，国无定臣"的思想，这不利于皇权的巩固。刘邦通过尊重父亲来教育大臣和百姓遵循礼法，尊重长辈，效忠君主。

刘邦和父亲刘太公在一起住，为了向大家表示他孝顺，每五天就去拜见一次。太公觉得没什么，也习惯了。但太公的属官却觉得不合适，就劝他说："俗话说，天无二日，地无二主，当今皇帝是您的儿子，但他也是人主。您虽是他的父亲，但也是他的大臣。让他这个主人拜见您这个大臣，不合礼仪，况且这样也显不出皇

帝的威严。"

等刘邦再拜见父亲时，太公就提前拿着扫帚出门相迎，然后倒退着进屋，不给刘邦行礼的机会。刘邦很吃惊，跳下车去搀扶父亲，太公赶忙说："皇帝贵为人主，不能因为我一个人破坏了国家的礼法。"刘邦便下诏书，尊太公为太上皇，这样一举两得，不但明示了皇帝的尊严，他也可以顺理成章地拜见父亲了。

2.处理季布和丁公

第二件事是对同母异父兄弟季布和

丁公的处理。在刘邦和项羽争天下时，他们俩都是项羽手下的大将。季布领兵几次将刘邦打败，丁公也领兵追击过刘邦，但最后放过了他。刘邦做皇帝后，记恨季布打败过自己，就把他抓了起来。但想到自己也需要他这样的忠臣来辅佐，就不再记仇，不但放了他，还封为郎中。丁公听说了，觉得连季布这样给过刘邦难堪的人都能释放做官，他这个曾对刘邦有恩的人就更不用说了。没想到，他却被刘邦抓起来。刘邦对众人说："丁公做项羽的将领时不忠，就是他这种人使项王丧失了天下。"刘邦下令处死了丁公，还在军中示众，警示大家要做忠臣，不要学丁公。

## （六）与民休息

建立汉朝之后，刘邦以文治理天下，征用儒生，诏令天下，广泛求贤。

1.行政法律方面

　　刘邦接承秦朝的中央集权制和郡县制,同时废除了秦朝的苛刻法律刑法。刘邦攻入咸阳之时,便立即废除秦朝的苛法。与民约法三章,封存府库,对百姓秋毫无犯,深得民心。在平定天下后,刘邦命萧何参照秦朝法律"取其宜于时者,作律九章",即"汉律九章"。这是在战国时期李悝所制订的《法经》六篇(盗法、贼法、网法、捕法、杂法、具法)基础

上补充了户律（户口管理、婚姻制度和赋
税征收）、兴律（主要规定征发徭役、城
防守备）和厩律（主要规定牛马畜牧和驿
传方面），一般所说的汉律就是指《九章
律》。

刘邦重用叔孙通整理朝纲，叔孙通
制定了一套适合当时形势需要的政治礼
仪制度，撰写了《汉仪十二篇》《汉礼度》
《律令傍章十八篇》等仪法法令方面的

专著，为汉朝的建立和巩固起了重要作用，也为后人留下了一笔宝贵的文化遗产。

在法律思想上，以儒家思想为主，以法家思想为辅，取消秦朝"严刑峻法"的做法，废除连坐法及夷三族，提出了"德主刑辅"。即以教化为主，刑罚为辅，达到宽柔相济、严松相当的统治效果。

2.经济方面

要恢复农业生产首先解决的是劳动

力不足的问题。由于战争的原因，当时人民在战乱中死的死、逃的逃，政府实际掌握的户口数只有过去的十分之三。

刘邦废除秦朝的苛法、豁免其徭役，减轻人民的负担，如减轻田租，十五税一，与民休息。发布了"复故爵田宅"的命令，号召那些逃亡在外的人回到故乡，恢复他们原来的爵位，归还原有的土地和房屋，当地的官吏对他们要好好安置，不得歧视和刁难他们。

"兵皆罢归家"，对于追随刘邦打天下的士兵，根据他们不同的战功，赐给爵位和土地，使他们从事生产劳作，迅速恢复提高国民经济。释放奴婢，凡民以饥饿自卖为奴婢者，皆免为庶人，回到生产中去。解放生产力，同时鼓励生育，增加劳动力，规定生儿子的人，可以免除徭役两年。同时大力发展农业，抑制打击唯利是

图的商人及残余的奴隶主阶级。通过这
些努力后，开始有一大批的劳动力回到了
生产的第一线。

在当时生产和生活都十分困难的条
件下，刘邦还尽量减轻农民的赋役负担，
以提高农民的生产积极性。对秦以来人
民最头疼的徭役制度，刘邦适当给以减
轻了。在楚汉战争期间，他就规定关中从
军的免除全家徭役一年。他称帝后，又宣
布追随他战争的士卒，可以免除本人或全
家的徭役。对于赋税，他根据政府的各

项总开支，制订了赋税的总额，田租只收产量的十五分之一。对于遭受战乱比较重或临时受灾地区，他还经常免除其租税。刘邦实行的这种轻徭薄役的制度，相对地减轻了人民的负担，有利于尽快地恢复和发展农业生产。

此外，刘邦还接受刘敬的强干弱枝的建议，把关东六国的强宗大族和豪杰名家十余万口迁徙到关中定居。刘邦使百姓得以生息，民心得以凝聚，国家得以巩固。

3.文化事业方面

刘邦建立规模宏大的"国家图书馆"天禄阁、石渠阁等。"天下既定,命萧何次律令,韩信申军法,张苍定章程,叔孙通制礼仪,陆贾造《新语》。又与功臣剖符作誓,丹书铁契,金匮石室,藏之宗庙。虽日不暇给,规模弘远矣。"

刘邦采取的宽松的政策，不仅安抚了人民、凝聚了人心，也奠定了汉代雍容大度的文化基础。可以说刘邦使四分五裂的中国真正地统一起来，而且还逐渐把分崩离析的民心凝聚起来。他对汉民族的形成、中国的统一强大、汉文化的保护发扬有决定性的贡献。

到高祖刘邦末年时，经济已经明显好转，天下新定，人民小安，未可复兴兵。刘邦是中国历史上少有的杰出政治家，是真正统一中国的人，可以说他是汉始皇，创造汉民族的人。他在汉初制订的英明国政，不仅使饱受战乱的中国得以休养生息，并奠定了以后"文景之治"的富裕及汉武帝反击匈奴的坚实基础。

刘邦高瞻远瞩、深谋远虑，他的政治制度和对后世的安排使大汉延续了长达四百余年。他的一套政治体制和经济制度为后世统治者所沿用，刘邦开创的大汉帝国可以说是中国历史上最强盛的朝代，令后世国人景仰与怀念，他本人也令后世众多的人所怀念和歌颂。

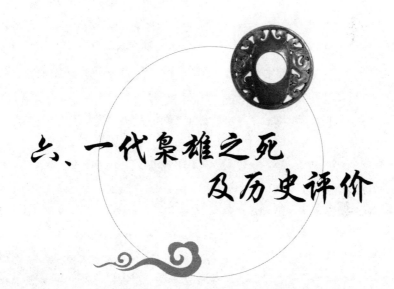

六、一代枭雄之死
及历史评价

为了皇权的巩固，刘邦费尽心机。本来刘邦年龄就大，在平定英布叛乱时又受了箭伤。他在击败英布后，让部下去追击，自己带着箭伤，路过家乡沛县时，被父老乡亲留下，欢饮了数日。刘邦48岁时带领沛县子弟三千起兵，这时回到沛县老家已经62岁。此时他虽然已是位至尊的皇帝，但是他见到故乡父老兄弟的时候，还是感慨万千。他在沛县选了一百二十个

小孩，他和这些小孩一起唱歌跳舞，尽情欢乐。自己创作了豪迈气魄的《大风歌》："大风起兮云飞扬，威加海内兮归故乡，安得猛士兮守四方！"他在家乡停留了十多天，此时箭伤发作，就赶快回了长安。

刘邦回到长安后病情加重。吕后找来名医为他治病。刘邦向医生询问自己的病情，从医生的口气中，刘邦知道自己不会好了，气得大骂医生："以布衣提三尺剑取天下，此非天命乎？命乃在天，虽扁鹊何益!"说完赏赐给医生五十金打发他走了。此时刘邦最关心的是自己的继位人问题,太子刘盈当时还年幼,而且又比较懦弱,刘邦怕他挑不起皇帝的担子。吕后看着弥留中的刘邦,问他死后谁能辅助刘盈治理天下,刘邦说:"萧相国死后,可以让曹参接替。"吕后问曹参之后是谁,刘邦说:"王陵可以在曹参之后接任,但王陵智谋不足,可以由陈平辅佐。陈平虽然有智谋,但不能决断大事。周勃虽然不擅

言谈,但为人忠厚,日后安定刘氏江山肯定是他,用他做太尉吧。"吕后又追问以后怎么办,刘邦有气无力地说:"以后的事你不会知道了。"刘邦死后这些人的表现,基本上和他当时分析的一样。

高祖十二年(公元前195年)的四月二十五日,驰骋战场、戎马一生的刘邦在长乐宫驾崩,终年62岁。吕后怕与刘邦打天下的那些将领，不服年仅17岁的太子刘盈的指挥，就四日不发丧，想把这批有功的将领全部杀掉。这个消息被郦商听到后，他去参见与吕后密谋的审食其，认为这样做必然会危及汉的天下。吕后也觉得难以尽杀诸将，因而决定公开发丧。大臣们认为刘邦"为汉太祖，功最高"，死后上尊号为"高皇帝"葬于长陵，庙号是太祖。

刘邦出身低微，在秦末的大动乱中，他广罗人才，战胜群雄，终于统一了中国，开创了西汉王朝。奠定了中国封建社会的主要文化，即儒家思想影响下的文化制度。纵观他的一生，他不但是一个杰出的军事家，而且也不愧为一个有作为的政治家。他作为一个出身于农民起义领袖的封建帝王，在中国历史上的贡献是不可磨灭的。